EXPOSITION UNIVERSELLE DE 1855

COUP D'ŒIL

SUR LES

ENVOIS DES ÉTATS PONTIFICAUX

AU PALAIS

DES BEAUX-ARTS ET DE L'INDUSTRIE

SUIVI

du Catalogue des Exposants et de la Liste des Récompenses

PARIS
IMPRIMERIE DE DUBUISSON ET Cie
5, — rue Coq-Héron, — 5.
1856.

COUP D'ŒIL

SUR LES

ENVOIS DES ÉTATS PONTIFICAUX

EXPOSITION UNIVERSELLE DE 1855

COUP D'ŒIL

SUR LES

ENVOIS DES ÉTATS PONTIFICAUX

AU PALAIS

DES BEAUX-ARTS ET DE L'INDUSTRIE

SUIVI

du Catalogue des Exposans et de la Liste des Récompenses

PARIS
IMPRIMERIE DE DUBUISSON ET Cⁱᵉ
5, — rue Coq-Héron, — 5.
1856.

AVERTISSEMENT.

Les comptes-rendus que l'on a réunis ici ont paru dans l'*Union* et dans l'*Ami de la religion*. On nous a témoigné le désir de les rassembler et de les publier; nous nous sommes empressés d'y déférer, espérant qu'ils seraient considérés comme un faible, mais sincère hommage de dévouement et de respect pour le gouvernement pontifical.

      E. DE VALETTE, *chanoine honoraire*,
      HENRY DE RIANCEY.

Le Catalogue complet des exposans des Beaux-Arts et de l'Industrie est placé à la fin de cette publication : on y a joint la liste officielle des récompenses obtenues.

BEAUX-ARTS.

ÉTATS PONTIFICAUX.

Parmi les innombrables objets d'art auxquels la France a ouvert un si magnifique asile, nos regards se sont particulièrement tournés vers ceux que nous ont envoyés les États Pontificaux ; car, attaché au Saint-Siége par les convictions les plus profondes et les sentiments les plus vifs, rien de ce qui se présente sous son auguste protection ne peut nous laisser indifférent. Mais si nous nous sentions attiré vers les compartiments que surmonte l'écusson pontifical, nous n'y portions pas un enthousiasme aveugle ; aussi bien ne va-t-on pas au palais des Beaux-Arts pour y faire sa profession de foi, mais pour y examiner des toiles et des marbres. C'est donc avec une parfaite impartialité, quoique avec bienveillance, que nous avons étudié ces œuvres, auxquelles ont manqué, chez plusieurs de ceux qui les ont jugées, et la bienveillance et l'impartialité. Elles ont été d'ailleurs l'occasion ou le prétexte de quelques allégations contre lesquelles nous devons prémunir les lecteurs de *l'Ami de la Religion*, en rétablissant les faits dans leur réalité.

L'exposition romaine tient, il est vrai, peu de place dans le livret et dans les galeries du palais des Beaux-Arts. Mais en conclure, comme l'a fait un critique (1), « le dépérissement

(1) M. G. Planche *Revue des Deux-Mondes*, no du 1er octobre 1855.

intellectuel » de tout un peuple, n'est-ce pas un procédé de déduction assez singulier et passablement aventuré?

Au moins, et avant tout, faudrait-il s'assurer que les principaux maîtres ont envoyé ou leurs toiles, ou leurs statues, ou leurs gravures; ce serait la première condition d'un jugement impartial; en agir autrement, c'est s'exposer à condamner des absents. Or, il est de fait que la majorité des artistes non-seulement de Rome, mais de presque toute l'Italie, se sont abstenus d'adresser leurs envois au palais des Champs-Élysées, les uns par un peu de défiance, exagérée nous voulons le croire, les autres par crainte des chances et des périls d'un transport lointain; alarme, du reste, qui n'avait rien de chimérique : M. Benzoni l'a trop éprouvé, puisque trois des caisses qui contenaient ses plâtres les plus remarquables ont été brisées, et n'ont pu être exposées. Quoi qu'il en soit, le fait demeure : des peintres qui jouissent d'une réputation dont le bruit a dépassé les Alpes n'ont rien envoyé. En existent-ils moins pour l'honneur de leur patrie que M. Paul Delaroche, par exemple, pour l'honneur de la sienne? Capalti, Agricola, Miniardi, Gagliardi, Tenerani, Mercuri, sont des noms qu'on peut être fier de citer, sans parler de cet illustre Overbeck, qui a adopté la capitale du monde chrétien, où il est entouré de tant d'estime, et qui, lui aussi, a gardé dans son atelier ces œuvres que connaît l'Europe entière.

Et quand même l'art romain n'eût pu avoir d'autres représentans que ceux dont les productions ont été jugées par plusieurs avec si peu d'égards et de courtoisie, serait-ce le signe d'un « dépérissement intellectuel » à provoquer « les plus douloureuses tristesses? » Nous savons que les beaux-arts ne peuvent pas être négligés quand il s'agit d'apprécier un ensemble de civilisation; mais parce que, à une époque donnée, les peintres et les sculpteurs feraient défaut, serait-on pour cela en droit d'accuser la masse de torpeur ou d'ignorance? Ici, rien ne serait plus injuste, car les États Pontificaux sont loin d'être, pour les choses de l'intelligence, aussi en arrière qu'on veut bien le dire. Ne parlons pas de Rome; les sciences et les lettres y sont représentées par des hommes que les grandes capitales se feraient honneur de compter parmi leurs illustrations; mais on pourrait nous objecter que la présence du souverain et le mouvement de toutes les affaires catholiques y attirent naturellement les hautes capacités. Voyons donc ce qui se passe dans les provinces.

Ce que je vais dire surprendra peut-être, et ceux qui ne connaissent l'Italie que sur les récits des voyageurs auront peine à me croire, car je vais heurter les idées qu'ils ont prises dans les livres. Qu'on veuille, cependant, réfléchir à la manière dont se font ordinairement les voyages, et on reconnaîtra que je pourrais bien ne pas avoir tort. J'ai lu bien des relations de touristes écrites par des hommes sérieux, dans de gros volumes ou dans des feuilletons, car tout ce qui me parle de l'Italie m'intéresse. Or, qu'ai-je trouvé partout? Tout en jugeant les hommes et les choses avec une rapidité de coup d'œil que je ne puis assez admirer, les voyageurs ne manquent pas de nous donner leur itinéraire, auquel se rattachent les épisodes et les impressions personnelles, et cet itinéraire est invariablement le même pour tous : deux ou trois grandes lignes avec leurs embranchements mènent aux points que tout le monde connaît et que tout le monde veut voir. C'est là ce qu'on parcourt plus ou moins vite, selon la dépense de temps et d'argent qu'on peut se permettre.

Quelques-uns donnent une nouvelle édition du *Guide du voyageur* illustrée de quelques descriptions, ou d'historiettes recueillies dans les *Locande;* d'autres partent avec des lettres de recommandation données par des amis, adressées à des amis, et qui, par conséquent, les laissent dans le cours habituel de leurs idées. Il en est enfin qui séjournent dans les capitales et s'abouchent avec des hommes éminents; mais ils sont eux-mêmes des esprits supérieurs, ils ont des théories préconçues qu'il leur faut développer et défendre : les hautes questions sont débattues, mais on oublie d'interroger pour s'instruire des détails, ou, si on le fait, c'est dans l'intérêt d'un système. Comment arriver ainsi à la connaissance d'un pays qu'on ne voit pas et où le plus souvent on aurait de la peine à se faire entendre? Je crois que, sans être exigeant, on peut demander à ceux qui veulent juger un peuple, qu'ils vivent au milieu de lui, se mêlant à toutes les classes de la société, étudiant le jeu de ses institutions, constatant et le bien et le mal, sans se laisser préoccuper par les idées d'habitude et d'éducation qui, malgré nous, ont tant d'influence sur notre manière de voir. Eh bien! je ne crains pas d'affirmer que quiconque voudra se livrer à cette consciencieuse investigation restera convaincu que les États Pontificaux sont loin de mériter la pitié dédaigneuse avec laquelle on les traite.

Je pourrais citer Bologne et Pérouse, où des écoles renommées rassemblent de nombreux élèves autour des professeurs les plus distingués, mais j'aime mieux prendre mes exemples dans des villes d'un ordre inférieur. — Gubbio, Citta di Castello, Assise comptent de trois à cinq mille habitants. Les voyageurs les connaissent à peine; sauf la dernière, dont les fresques de Giotto ont fait le rendez-vous des artistes. Eh bien! qu'on les compare avec des villes bien plus importantes de France et d'Angleterre, et l'on verra qui l'emporte pour la culture intellectuelle. Chacune d'elles possède une *académie*, ou réunion littéraire et scientifique, dont les séances sont périodiques. Les antiquités, l'histoire, la poésie, les mathématiques (1) quelquefois y sont cultivées avec émulation et souvent avec succès. Quoiqu'on y lise parfois des travaux très remarquables, je suis loin de prétendre que la médiocrité n'y ait pas largement sa part; mais enfin, des hommes qui consacrent leurs loisirs à ces labeurs de l'esprit n'appartiennent pas à une race si dégénérée. Aussi l'instruction secondaire est-elle loin, chez eux, de rester en souffrance. Il y a là des colléges communaux qu'envieraient beaucoup de nos sous-préfectures. La musique n'est pas étudiée avec moins d'amour. Presque chaque petite ville a sa *banda*, ou société d'amateurs, qui exécute les œuvres d'un compositeur de l'endroit, et bien des cathédrales ont pour maîtres de chapelle des artistes à qui, pour se faire une réputation, il ne manque qu'un théâtre plus vaste.

Ne soyons donc pas injustes. Nous avons assez de gloires nationales pour reconnaître franchement le mérite des peuples moins bien partagés que nous sous le rapport de la puissance et de la richesse.

C'est déjà beaucoup, c'est trop de jeter à toute une nation un reproche qu'elle ne mérite pas; mais pourquoi en faire remonter la responsabilité jusqu'à celui qui la gouverne? Comment peut-on, avec quelque assurance, reprocher aux Souverains Pontifes contemporains d'abandonner les traditions de Jules II et de Léon X? A qui devrait-on être obligé de rappeler qu'à peine rétablie dans l'exercice de sa souveraineté temporelle, après les secousses terribles du commencement de ce siècle, la papauté a repris avec son zèle séculaire la tutelle des lettres et des arts? Et quels affreux

---

(1) Je possède un mémoire sur les quantités infinitésimales composé, lu et *compris* à Foligno, et qui, je le soupçonne, pourrait bien n'être qu'un grimoire indéchiffrable pour plus d'un de ceux qui rabaissent si fort le niveau intellectuel des sujets pontificaux.

désastres n'avait-elle pas à réparer? Églises, monastères, bibliothèques, collections scientifiques, musées, avaient été mis au pillage. Eh bien! grâce aux efforts, à la sagesse, à la munificence des Pie VII, des Léon XII, des Pie VIII, des Grégoire XVI, partout les ruines furent relevées, les sources du savoir abondamment rouvertes, les œuvres de l'art et du génie sauvées et remises en honneur. Les fouilles, la recherche des antiquités reprirent avec plus de suite et de sollicitude que jamais ; les monuments déblayés offrirent à l'étude des beautés nouvelles et inconnues ; un musée égyptien et un musée étrusque enrichirent les admirables salles du Vatican, où le grand et généreux Pie IX vient d'ouvrir encore un musée chrétien pour les premiers siècles de l'Église. Les écoles, les académies refleurirent, les artistes reçurent de magnifiques encouragemens : qu'il suffise de citer les noms de Canova et de Thorwaldsen, parmi les morts; nous avons rappelé les noms des vivants les plus illustres. Aujourd'hui, malgré les désastreuses commotions des dernières années, les sciences et les arts sont assidûment cultivés. Certes, sous un pontificat qui aura achevé et consacré la basilique de Saint-Paul hors des murs, créé le musée des Catacombes, érigé la colonne de l'Immaculée-Conception, dégagé le Forum, ordonné les fouilles de la Via-Graziosa et protégé les découvertes des Visconti, des de Rossi, des Marchi, des Perret; qui a fait frapper, des prémices de l'or australien, les magnifiques médailles du 8 décembre 1854; qui a envoyé à Notre-Dame-des-Victoires les couronnes d'orfévrerie qui en décorent les statues; les traditions des anciens âges n'ont pas été désertées, et le nom de S. S. Pie IX figurera dans les fastes de l'art comme dans celles de l'histoire, environné d'une auréole de générosité, de bienveillance et de magnanimité.

Et quand on réfléchit qu'un patronage si actif et si généreux s'exerce au milieu des circonstances les plus difficiles ; qu'il a fallu réorganiser l'administration, faire face aux engagements contractés par le gouvernement révolutionnaire, ramener partout le calme et la sécurité, on s'étonne et du reproche et de la légèreté avec laquelle il a été formulé.

Revenons aux artistes romains dont les œuvres figurent à l'Exposition. Leur petit nombre a servi de prétexte aux accusations que nous venons de signaler. Mais ce n'est pas tout! On voudrait effacer de leur liste ceux qui, nés à l'étranger, ont choisi Rome pour leur résidence et leur seconde patrie. Pourquoi refuser de mettre au compte de cette *alma parens* qui les a adoptés et Bonnardel, et Wolf et Bien-Aimé, ce dernier notamment, qui est né sous le ciel d'Italie, à Carrare ? Comment d'ailleurs ne voit-on pas que ce procédé, injuste en soi, est en même temps une réfutation du reproche qui refuse à Rome et le goût et la protection des arts? Ce n'est pas y être indifférent que d'appeler, de retenir et de garder des étrangers d'un semblable talent. Bien mieux : si Rome sait attirer dans son sein d'illustres artistes du dehors, elle est assez féconde pour en céder à d'autres contrées. A peine la cendre de Canova est refroidie, que Marochetti va recueillir en France et en Angleterre le prix de son beau talent; Calamatta est directeur de l'Académie de Bruxelles; Bruni est le premier peintre de l'empereur de Russie, et Pistrucci grave les médailles de la monnaie royale de Londres.

Maintenons donc sur le catalogue les noms qu'on en voudrait effacer.

Après ce que nous avons dit, on ne s'étonnera pas que l'appréciation des œuvres individuelles ait été sévère : elle l'a été jusqu'à la dureté. Parce que des artistes sont nés sur le sol romain, on leur jette sans cesse les grands noms de Raphaël, de Michel-Ange, de Jules Romain, comme si chaque âge avait le privilége de voir naître de tels hommes, comme si, sans approcher même de loin de ces grands génies, qui ont porté si haut l'essor de leur talent, on ne pouvait occuper dans les arts une place honorable. Mais avons-nous donc, dans notre école française, beaucoup de peintres à comparer à ces géants? Et pour rester dans l'actualité, est-ce que toutes les toiles admises à l'exposition pourraient se soutenir auprès de MM. Vernet, Ingres, Cabat ou Meissonier? Il est plus équitable de juger chacun selon la mesure de ses forces, et si un parti pris de tout admirer et de tout louer serait impatientant, celui de tout dénigrer est odieux.

La toile exposée par le chevalier François Podesti (n° 672) mérite plus d'attention qu'on ne lui en a généralement accordé. Peut-être faut-il en partie attribuer cet oubli à la place défavorable qu'elle occupe dans la galerie. L'auteur nous reporte à l'une des époques les plus lamentables de l'histoire d'Italie. L'empereur Frédéric Barberousse est pour la seconde fois descendu du haut des Alpes à la tête de ses bandes allemandes, et menace la liberté de toutes ces villes à qui leur indépendance est si chère. Le schisme de Victor III (Ottaviano) favorise ses desseins en jetant dans l'Italie un nouvel élément de trouble. Alexandre III, fidèle aux traditions du Saint-Siége, soutient de tout son pouvoir la nationalité italienne. Ancône refuse de se soumettre à l'Allemand; elle est assiégée. M. Podesti choisit le moment où le conseil de la ville aux abois vient de délibérer, et a résolu de subir les plus cruelles extrémités plutôt que de se rendre. C'est un vieillard, octogénaire et aveugle, qui, par son énergique parole, a relevé les cœurs abattus: il sort du palais de la commune, soutenu par ses deux neveux, et fait jurer sur le drapeau de la ville de n'admettre aucune condition et de combattre pour vaincre ou mourir. L'ensemble de la composition est sage et bien entendu, le dessin est ferme, la lumière bien distribuée ; quoiqu'on puisse désirer plus de mouvement et d'expression, on reconnaît dans ce tableau les belles qualités qu'une longue pratique et un travail consciencieux ont rendues familières à M. Podesti, et on regrette qu'il n'ait pas, à cette page remarquable, joint quelques-unes des œuvres qui lui ont valu sa réputation méritée.

Je ne sais si M. Leighton (n° 670) a emprunté à d'anciens monuments les traits des chefs des familles Montecchi et Capulet : si cela est, je n'ai rien à dire, sinon qu'il n'est pas défendu de relever par un peu de poésie une figure historique, et que l'auteur eût bien fait de profiter de la permission. Une douleur plus noble eût ajouté à l'effet d'une scène assez habilement agencée, bien que l'action ne soit pas suffisamment indiquée et qu'on ait trop besoin de recourir au livret. Le lit où reposent les deux victimes de leur fatale passion et des haines héréditaires de leurs maisons se présente bien au spectateur et attire tout d'abord son attention, qui se reporte naturellement sur le groupe des parens. Les tons sombres qui dominent ne manquent pas d'harmonie.

« Eve effrayée à la vue du Serpent qui lui rappelle sa première faute, » dit le livret au n° 665. La Bible ne nous apprend pas qu'Ève ait commis d'autres fautes que celle dont les conséquences ont été si funestes à sa postérité, et rien ne nous autorise à l'affirmer, bien que M. Agneni, en la douant d'une si plantureuse carnation, semble ne lui pas supposer un grand esprit de pénitence. L'expression de la terreur un peu forcée, gâte la figure d'ailleurs bien dessinée. Ce qui plaît dans ce sujet, c'est la sollicitude maternelle qui domine la crainte ; le contraste est bien indiqué entre le caractère des deux enfants. La même délicatesse d'intention se trouve dans six dessins exposés par M. Agneni sous le n° 666.

J'ai retrouvé avec plaisir la place et la façade de la basilique de Saint-Pierre dans le tableau du chev. Michel-Ange Pacetti (n° 2327). Quelle que puisse être la justesse des critiques dirigées souvent contre cette œuvre colossale, on ne saurait la contempler sans émotion, tant les lignes en sont grandioses et harmonieuses. M. Pacetti a bien rendu cet effet, ainsi que la perspective des colonnades du Bernino. Il a moins réussi à reproduire les troupes rangées sur la place. Ni les colonnes massées dans le lointain, ni les groupes et les individus placés sur le premier plan ne rappellent le type si accentué du soldat français.

Il n'est pas facile de traduire les vers du Dante. M. Bompiani l'a essayé (n° 667). Nous devons le féliciter de son courage; une pareille tentative dénote un amour du beau qui portera ses fruits, surtout si l'auteur réchauffe sa verve au feu de son poète favori. J'aime mieux sa Vierge et l'Enfant Jésus (n° 668).

M. le chev. Ferdinand Cavalleri, qui est un artiste distingué, a envoyé, sous le n° 669, une tête de Jérémie exécutée suivant un procédé qu'il a retrouvé, et qu'il appelle *peinture bichromographique*. Ne connaissant pas le procédé, nous ne pouvons dire quelle est sa valeur intrinsèque : toujours est-il qu'il n'a pas heureusement servi le talent de l'auteur; sa toile, quoique laborieusement exécutée et présentant des parties d'une grande finesse, n'a pas été généralement goûtée.

De jolies miniatures, copiées d'après les grands maîtres par M. Medici (n° 671); plusieurs dessins et une tête de Jésus en croix de M. Souslacroix (n°ˢ 673 4-5); enfin un remarquable dessin à la plume reproduisant les belles portes de Saint-

Pierre du Vatican, par M. le chevalier Tosi (n° 677), complètent le catalogue des peintres et des dessinateurs romains.

Un seul graveur, M. le comte Biordi, de Rome, a envoyé une Descente de croix, sujet assez vaste, exécuté d'après le peintre portugais Segueira. C'est une planche exécutée par un nouveau procédé, dont l'auteur a le secret.

Bien que M. Calamatta soit porté au catalogue des artistes français, nous croyons pouvoir le revendiquer pour la patrie à qui il doit la culture de son magnifique talent. Comme à son ordinaire, il a exposé des morceaux de premier ordre, et soutient sa brillante réputation. On peut d'autant mieux apprécier la rare perfection de ses gravures, que les originaux sont presque tous sous les yeux des visiteurs.

Parmi les artistes des États Pontificaux, nous voyons figurer deux noms qui appartiennent au royaume voisin. MM. Paris, de Naples, et Patania, de Palerme, ont exposé : le premier deux petites études d'animaux vivants. Ses bœufs et ses moutons ne manquent pas de vérité ; la toison est bien rendue, les attitudes sont naturelles, le ton en général est bon ; on pourrait désirer une étude plus approfondie de la forme. M. Patania n'a qu'un portrait au pastel, de grande dimension ; on doit le féliciter de la vigueur de coloris à laquelle il a atteint, malgré l'infériorité des moyens. Il faut ajouter aussi M. Palizzi, qui s'est fait une réputation méritée parmi les paysagistes. De ce que ses œuvres sont inscrites dans le catalogue français, Naples, qui lui a donné le jour, n'en a pas moins le droit de le réclamer, et elle n'y manque pas.

Passant à la sculpture, nous devons d'abord nommer M. Benzoni. Quatre petits marbres ont attiré l'attention du public : l'*Amour maternel* et la *Bienfaisance* sont de gracieuses allégories, où le fini du travail le dispute au sentiment naïf ; *Saint Jean enfant* est un excellent morceau, et l'*Espérance en Dieu*, quoiqu'on y puisse désirer moins de froideur, n'est pas indigne de l'habile ciseau qui l'a produite. Les grands sujets envoyés par M. Benzoni étaient des plâtres : nous avons dit plus haut combien ces envois ont été maltraités dans le voyage. Une statue d'Ève n'a pas souffert; le piédestal, qui représentait l'histoire de nos premiers parents, a été mis en pièces. Quant à celle du saint Pie V, elle fait espérer un beau marbre. L'auteur du monument de l'empereur François Ier et du cardinal Maï n'est pas resté au-dessous de sa renommée.

Une tête en marbre blanc, placée sur un globe que supporte un aigle aux ailes éployées, indique-t-elle suffisamment une apothéose? Le livret l'affirme, et, sans discuter la question, nous rendrons justice au talent de M. Bien-Aimé, à qui nous devons ce morceau, qui, si nous sommes bien informé, a été acheté par l'Empereur. La statue de Ruth, marbre de M. Bonnardel, recueillerait tous les suffrages si la tête répondait à la pose et aux draperies, qui sont d'un bon genre et très bien travaillées. Il y a encore un très bon buste du général Chtaporoski par M. Stattler; une *Amazone blessée*, plâtre de M. Gibson, dont un marbre, *un Chasseur*, figure dans l'exposition anglaise et révèle un véritable talent; enfin, de M. Wolf, une *Canéphore*, statuette composée dans le genre antique, en bronze et en marbre. N'oublions pas non plus le groupe de M. Lanzirotti, du royaume de Naples, représentant *Érigone et Bacchus*, et qui est largement exécuté.

On le voit, nous n'avons pas écrit ces lignes pour distribuer sans mesure l'éloge et la flatterie; mais nous avons voulu rendre justice au mérite et témoigner aux artistes romains qui ont eu foi dans l'hospitalité qui leur était offerte, la sympathie due au talent uni à un travail consciencieux.

E. DE VALETTE.

EXPOSITION DE L'INDUSTRIE.

Ce n'est pas seulement, à notre sens, vis-à-vis des grandes nations et des puissances commerciales ou industrielles de premier ordre que se doivent pratiquer, à propos de l'Exposition de 1855, les traditions d'équité et de courtoisie dont notre France s'honore. Il y a pour elle un devoir plus étroit et plus délicat à rendre justice aux Etats secondaires, à ceux dont la richesse matérielle n'est pas une des principales gloires, à ceux surtout auxquels des préventions injurieuses voudraient dénier tout progrès, tout effort, toute sollicitude pour les intérêts de la production ou du négoce.

A ces titres, l'Italie centrale et méridionale mérite de notre part une attention toute particulière. Déjà ses produits ont obtenu un rang distingué dans l'estime des appréciateurs les plus compétens : les étrangers et la commission, surpris en quelque sorte de trouver des objets si variés et d'une valeur si réelle, se sont accordés à leur témoigner une considération qui sera pour ces peuples et pour leurs gouvernemens le commencement des récompenses et des réhabilitations auxquelles ils ont droit. Nous essaierons d'y contribuer en ce qui nous regarde.

Un compartiment spécial est affecté dans le Palais principal, un autre dans l'Annexe, aux envois de Rome ; une amicale hospitalité a été réservée au petit nombre d'exposans napolitains dans le compartiment des Etats-Pontificaux (1). Examinons-les successivement.

I.

Etats Pontificaux.

C'est dans la galerie supérieure, à l'angle du nord-est, et dans le commencement de l'Annexe, que se trouvent les places réservées aux Etats Pontificaux : une disposition simple et élégante annonce le bon goût qui a présidé à cette exposition, où l'art et le talent jouent le plus grand rôle. Après les magnificences des soieries, des broderies, des étoffes, des fleurs et des dentelles qui occupent la majeure partie de la galerie haute, l'œil se repose agréablement sur l'ensemble de ce compartiment au-dessus duquel apparaissent les armes de Pie IX, et qui de lui-même annonce la patrie du beau et de l'antique, tant il ressemble à un musée !

En effet, ce qui brille surtout à l'exposition romaine, ce sont les bronzes d'art, la haute orfévrerie, la bijouterie de prix et ces industries privilégiées dont l'Italie a seule le secret, la mosaïque et le camée : c'est là ce qui arrête et captive tous les regards.

(1) Le gouvernement des Deux-Siciles ayant appris que ses sujets, malgré toutes les facilités accordées, ne semblaient pas disposés à prendre part en grand nombre à la lutte industrielle de 1855, et qu'ainsi le royaume ne serait pas suffisamment représenté, a voulu néanmoins que ceux qui se seraient préparés ne fussent pas privés de cette occasion de faire valoir leur industrie. En conséquence, après s'en être entendue avec Mgr Sacconi, nonce Apostolique, la légation des Deux-Siciles a eu la satisfaction de voir M. le baron du Havelt invité à recevoir dans les départemens des Etats-Pontificaux, les exposans du royaume de Naples.

Aussi bien, quoi de plus remarquable que cette magnifique reproduction de la colonne Trajane? Sur un piédestal de marbre s'élève cette copie dont l'ensemble compte près de trois mètres. Quand, charmée par les belles proportions du monument, l'attention se reporte ensuite sur les détails; quand elle suit un à un les anneaux de cette vaste spirale qui court de la base au sommet, et où un ciseau aussi sûr que fidèle a représenté trait pour trait les principaux personnages, les scènes de bataille et de triomphe, les panoplies et les trophées qui ornent le cippe funéraire du vainqueur des Daces et des Parthes; quand elle voit vivre et se mouvoir sous le bronze doré cette histoire impérissable, elle s'étonne et elle hésite si elle admirera davantage ou le chef-d'œuvre qu'un si ingénieux talent lui permet d'apprécier, ou l'habileté de l'artiste qui l'a si heureusement imité : double louange dont M. Spagna peut être fier et pour Rome et pour lui-même. Du reste, M. Spagna ne se borne pas à copier l'antique : c'est lui qui a composé et exécuté le magnifique calice dont Sa Sainteté s'est servie à la messe solennelle du 8 décembre 1854, lors de la proclamation du dogme de l'Immaculée-Conception. On conçoit les motifs de respect qui n'ont pas permis que ce vase sacré fût exposé.

Les mêmes raisons n'existaient pas pour un autre calice non consacré, et que S. Em. le cardinal Antonelli a donné à monsignor Bonaparte. OEuvre de M. Castellani, ce calice se rapproche du style du moyen âge. La coupe est d'une grande élégance, et le pied, fleurdelysé et brillant de pierres précieuses, est d'un dessin excellent. Le nœud de la tige est peut-être un peu lourd, et sa richesse nuit à sa légèreté; néanmoins, il est d'un caractère très distingué, et présente de l'orfévrerie religieuse romaine un spécimen qui fait vivement regretter que d'autres envois ne l'aient pas accompagné. La renommée des artistes italiens n'eût certes point eu à souffrir de la comparaison avec nos meilleurs maîtres.

Citons dans un genre différent un riche écritoire d'argent et de bronze doré, par MM. Borgognoni frères. C'est tout un poème, et rien moins que le poème de la création ; les quatre parties de l'univers, les quatre élémens, les six grandes époques de l'origine du monde y figurent sous des allégories plus ou moins transparentes. Il y a assurément beaucoup d'invention dans la composition de cette œuvre : plusieurs des détails sont traités avec adresse et avec bonheur. Cependant les artistes n'ont évité ni une certaine confusion, ni un manque d'harmonie et d'ensemble qui laisse à désirer.

Parmi les bijoux de luxe, où l'art, après s'être élevé aux proportions d'une richesse rare, descend jusqu'à la portée des fortunes médiocres, doivent prendre place au premier rang les mosaïques et les camées.

Protégées et encouragées sans relâche par les souverains pontifes, ces industries italiennes par excellence sont admirablement représentées au palais Marigny. Recueillant en cela l'héritage des Césars, les anciens Papes enrichissaient de mosaïques les plus célèbres basiliques de Rome, et leurs successeurs ont voulu qu'une école spéciale, fondée près Saint-Pierre, fût chargée de conserver et de restaurer les œuvres du passé ; c'est à cette école qu'est confiée la reproduction, désormais indestructible, des toiles des maîtres les plus illustres. Nous aurions souhaité que l'école pontificale eût envoyé à Paris quelques-uns de ces tableaux, cadeaux dignes des rois.

Si la mosaïque historique est, pour ainsi dire, réservée à l'institution vaticane, la mosaïque d'ameublement ou de parure est exploitée par des particuliers habiles, qu'on n'égale pas ailleurs. Grâce à une infinité de petits fragmens d'émaux, dont les nuances sont graduées avec un soin merveilleux, le mosaïste romain parvient à se composer une sorte de palette dont les tons, groupés par sa main patiente, atteignent les gammes les plus riches et les plus variées de la peinture. Bien que, surtout pour les surfaces vues horizontalement, il reste toujours un peu de rigidité et quelque chose qui rappelle le froid du marbre et la sévérité de la fresque, cependant on obtient des effets de couleurs, d'ombres, de reliefs et même de perspective vraiment surprenans. Ainsi le cadre exposé par M. Galland et qui représente le Forum avec ses ruines majestueuses et son ciel d'azur, est un tableau véritable, où le mérite du dessin le dispute à celui de l'exécution. Cependant je préfèrerais encore les tables et les guéridons de ce même fabricant et qui accusent une habileté hors ligne chez MM. Roccheggiani dont il emploie le beau talent : les fleurs surtout et les guirlandes sont d'une perfection rare.

Mais ces objets ne sont accessibles qu'aux riches amateurs. Voici du même exposant une série de charmans petits objets de dimension moyenne, ou bien une collection de boutons, de broches, de bijoux variés, dont sans doute le travail est moins délicat, quoique d'un fini agréable, et qui arrivent aux prix les plus modérés. M. le professeur Franescangeli, Mme Poggi, M. Barberi surtout, dans la touche de qui on reconnaît l'ancien mosaïste du Vatican, ont aussi, à des degrés divers, exposé en ce genre des produits distingués. On regrette que M. Francescangeli n'ait pas adressé au Palais quelques-uns de ses travaux d'un ordre plus relevé.

N'oublions pas, dans la catégorie des grandes mosaïques, un artiste qui s'attache à l'ancienne manière et qui travaille à l'effet et pour des perspectives vues de loin, M. Belloni ; ni le chevalier Moglia, ni M. Poggi, ni Mme la marquise Sampieri, qui consacre à l'art ses loisirs de grande dame. Un autre exposant, chez qui se remarquent d'aussi nobles goûts, le marquis Muti-Papazzurri, a présenté une table de marbre blanc où, par un procédé de gravure sur pierre dont il est l'inventeur, sont tracées, comme si elles l'eussent été au burin, les principales scènes des beaux dessins de Flaxman pour la *Divine Comédie.* Cette invention est très digne de remarque.

Avant de passer aux camées, considérons deux coupes de marbre sorties des ateliers de M. Galland, dont la première, qui n'a pas moins d'un mètre trente centimètres, est d'un albâtre tigré du plus beau ton et extrêmement rare ; dont la seconde en jaune antique, moins grande, est plus élégante peut-être ; ainsi que deux autres coupes de vert antique, œuvre de M. Dies. Ce sont des morceaux à orner un musée de souverain. Il y a aussi de bonnes reproductions en rouge antique et en jaune antique de la colonne de Phocas et des colonnes du temple de Jupiter-Stator et de Jupiter-Tonnant.

Les camées sont, on ne l'ignore pas, un autre legs de l'art antique que Rome a su accepter et perfectionner, et où seul elle est sans rivale. MM. Michelini et Dies y sont maîtres. La ciselure et la sculpture ne produisent rien de plus fin, de plus vivant que le grand portrait de Pie IX, par M. Dies : la douceur et la magnanimité du pontife respirent dans ce relief si ferme et dans ce dessin si pur. Depuis le fameux camée qu'on appelle l'agathe de la Sainte-Chapelle, et qui représente l'apothéose d'Auguste, on n'avait point vu de pierres aussi grandes que celles où M. Michelini a reproduit le buste de la Vénus de Milo, et ici l'épaisseur du relief est supérieure. Quel que soit le talent déployé dans ces pièces de dimension étendue, nous aimons mieux les têtes de moyenne grandeur, qui sont inspirées par un sentiment si vrai de l'antique : on y retrouve le style des plus belles médailles grecques avec un fini de travail incomparable. M. Michelini a aussi exposé une belle pierre gravée, une émeraude qui fait partie d'un bracelet ciselé par le regrettable et célèbre Froment-Meurice. Il était difficile de mieux soutenir l'honneur de l'art italien que ne le fait l'exposition des camées de Rome.

Parmi les objets d'ornement pour les habitations, nous devons mentionner un lustre que M. le baron de Bourgoing a demandé l'autorisation de placer dans le compartiment romain et qui, indépendamment de ses girandoles en cristal de roche, porte deux couronnes de fleurs et de fruits composées de pierres brillantes, lapis-lazuli, améthystes, topazes, chrysoprases, grenats, saphirs, émeraudes, cornalines, rubis, agathes carnées ; on dirait un arsenal de joaillier, où l'abondance et le luxe de la matière nuisent un peu à la combinaison artistique.

Près de ce lustre se trouve un délicieux meuble en marquetterie, un secrétaire, dit le catalogue, un cabinet, dirions-nous, comme au temps de Catherine et de Marie de Médicis; tant l'ouvrage est remarquable, tant il reporte aux beaux jours de la fantaisie florentine. Peut-être pourrait-on reprocher au dessin général un peu de sécheresse et de maigreur ; peut-être doit-on regretter que l'éminent artiste, M. Gatti, n'ait pas emprunté davantage aux formes architecturales de la Renaissance, à ces contrastes de colonnades, de portiques, d'angles rentrans, qui donnent un caractère si délicat et si élégant aux meubles analogues qui se conservent au musée de Cluny et au Louvre. Mais pour la finesse des ornemens, pour la beauté et la régularité des incrustations, M. Gatti ne craint pas de vainqueurs. Sa marquetterie est, sans contredit, la plus belle de l'Exposition entière. Elevé par la munificence d'un prince de l'Eglise, M. Gatti, grâce aux travaux qu'il expose, répond de la meilleure manière à la protection éclairée dont l'entoure dans son palais même S. Em. le cardinal Amat.

C'est aussi à un autre prélat de la cour romaine, au vénérable cardinal Tosti, c'est à sa longue expérience et à son infatigable dévouement que sont dus les produits intéressans adressés pas l'hospice apostolique de St-Michel-*a-Ripa*. Cet hospice, l'une des plus belles créations du génie de la charité romaine, qui renferme plus de sept cents personnes, qui donne asile à la vieillesse infirme, à la jeunesse revenue de ses égaremens, à l'enfance délaissée et même à l'adolescence soumise à la correction ; cet hospice, modèle de nos orphelinats, de nos ouvroirs, de nos établissemens pénitentiaires, distribue sa population valide en plusieurs ateliers, où l'art et l'industrie ont leur partage, selon les aptitudes diverses. On peut juger avantageusement du fruit de ces labeurs par plusieurs tapis de différente valeur, et notamment par une grande tapisserie dont le fond reproduit avec beaucoup d'harmonie les fameuses colombes du Capitole ; puis, par des pièces de drap dont la solidité est vraiment remarquable. Ce drap est destiné à l'usage des troupes, et les métiers qui tissent celui dont la garance fait la couleur ont été employés avec succès à l'habillement de nos soldats du corps expéditionnaire. C'est là une preuve d'excellente fabrication; et quant aux autres envois de Saint-Michel, nous pouvons affirmer qu'il n'y a guère d'établissemens de charité ou de correction en Europe qui puissent en offrir de plus digne de considération.

Le double but vers lequel sont dirigés les efforts des élèves de Saint-Michel nous est une transition toute naturelle pour passer aux objets purement industriels de l'Exposition de Rome. Auparavant, mentionnons,—car ici la science est encore l'inspiratrice,— mentionnons les instrumens de chirurgie que, dans l'annexe, M. le professeur Giovanini, de Bologne, consacre à l'une des plus difficiles et des plus hardies opérations de la médecine, au trépan. Mentionnons, à côté, e tableau singulier d'une tête anatomique, formée d'écorchés humains dans les poses les plus bizarres et où les notions scientifiques font ressortir encore ce que le travail de M. Balbi a de remarquable.

Arrêtons-nous devant les douze belles épreuves photographiques de M. Dovizielli. Quel intérêt s'attache à ces vues des monumens immortels de Rome, des ruines gigantesques des Césars, des édifices splendides de la capitale du catholicisme! Les voilà saisis et fixés par un procédé incomparable, et dorés par le soleil d'Italie aux tons ardens et purs : le regard ne peut se lasser d'y reposer; il y découvre sans cesse quelque beauté nouvelle : on les voit, on les touche, pour ainsi dire, et l'illusion est complète.

Cette illusion est grande aussi, quoiqu'à un degré différent dans deux autres produits que revendiquent la grâce et la fantaisie ; à savoir d'abord les jolies fleurs en cire de M. Pagliacci et de Mmes Jacometti et Guyétant-Michellini, ses élèves : travail charmant, facile à exécuter et qui occupe agréablement des mains délicates et des doigts habiles ; et ensuite ces autres fleurs moins légères peut-être mais plus durables et infiniment plus ingénieuses, que les religieuses de San-Cosimato composent avec les débris des cocons de vers à soie. Les bouquets d'autels que ces pieuses filles ont exposés sont très fins et fort adroitement nuancés ; mais ce qui est vraiment surprenant, c'est le parti qu'elles ont tiré de cette matière première, si dédaignée, et si gracieusement transformée sous leur patiente dextérité.

Quant aux productions naturelles dont s'empare l'industrie, la soie et le chanvre sont devenus une source de richesse pour les Etats Pontificaux. Grâce aux encouragemens des Papes, les magnaneries se sont multipliées partout, et le *Moniteur* rendait naguère un public hommage aux soies grèges de la Romagne et des autres provinces. Nous citerons spécialement les remarquables écheveaux de MM. Beretta, Oppi, Lardinelli, et surtout de M. le comte Briganti-Bellini, de M. le commandeur Féoli et de M. le prince Simonetti. Avec les développemens qu'a pris cette industrie, c'est un honneur pour le gouvernement pontifical et pour ses sujets de pouvoir disputer la palme aux meilleurs produits similaires du reste du monde.

Parmi les chanvres qui, comme on sait, font la fortune de la province de Bologne et de celle de Ferrare, il faut distinguer les échantillons de MM. Facchini, Trouvé, Chailly, Balboni, et on ne peut s'arrêter sans étonnement devant les prodigieuses tiges de près de cinq mètres qu'on a déposées dans l'annexe et dont la souplesse égale la longueur.

L'agriculture est encore représentée dans l'annexe par une collection curieuse de cinquante-six espèces de bois, arbres et arbustes cultivés dans la province de Bologne et envoyés par la Société agricole de cette ville ; par trente-neuf échantillons de bois de la province de Ferrare, recueillis par M. le Ch. Badini ; par des pommes de pin-pignon d'une grosseur énorme et pleines d'amandes d'un goût agréable et qui servent beaucoup à la confiserie ; par des graines de froment, de maïs, de chanvre, de riz et de ricin, qui ont été rassemblées par les soins des instituts d'agriculture de Ferrare et de Bologne ; et enfin par une petite herse en fer très ingénieuse que M. le comte Aventi propose d'adapter à la charrue de Dombasle.

Entre les produits naturels que nous livrent les entrailles de la terre, il en est peu dans toute l'Exposition qui soient au-dessus des blocs magnifiques d'alun de roche ou d'alun natif que Mgr Ferrari, ministre des finances, a fait placer dans l'Annexe. On ne rencontre nulle part des pyramides de stalactites aussi pures et aussi volumineuses que celles des mines de la Tolfa, exploitées par l'administration pontificale : c'est une grande ressource et une vraie richesse ; car l'alun qu'elles produisent est d'une qualité supérieure.

Sous les préparations soignées de M. Olivieri et du marquis Ossoli, la terre argileuse devient un ciment excellent, qu'il suffit de nommer : le ciment romain; ou bien elle se transforme en pavés et briques qui doivent dessiner d'élégans carrelages. Plus loin, c'est le plâtre durci qui passe à l'état de stuc, imite le marbre rouge, le marbre de Carrare et fournit des ornemens d'architecture comme les montre M. Urtis et M. le marquis Muti-Papazzurri. Ailleurs, voici des carreaux de dallage en grande dimension, formés de matières bitumineuses et avec lesquels M. Bettanzoni imite la mosaïque et les tapis.

Ici la chimie réclame les carbonates de chaux de M. Orsini, les tartrates du docteur Bottoni, ceux de M. Finzi-Magrini, les bougies stéariques du marquis Muti-Pappazuri, et encore la colle de poisson si fine et si transparente de M. Montalti; la verrerie présente les perles artificielles de Mme Pozzi, avec lesquelles se composent les plus beaux chapelets de Rome; la fabrication des papiers nous montre avec honneur les solides feuilles à la forme de M. Miliani, qui ont été couronnées à l'Exposition de Londres, et qui ont des qualités de force et de durée si rares dans notre temps. A cette occasion, nous regrettons que l'imprimerie de la Propagande, l'une des plus riches et des plus habiles de l'Europe, n'ait pas mis ses œuvres en comparaison avec celles de Paris, de Vienne, etc.; elle y eût tenu un rang digne d'elle et du gouvernement pontifical.

Tel est, en abrégé, l'aspect général de l'Exposition romaine : on voit que nous ne nous aventurions pas en lui rendant hommage par avance; on voit qu'ici la courtoisie n'est que rigoureuse justice.

II.

Naples et Jérusalem.

Un mot encore sur les exposans que le pavillon des saints apôtres abrite sous sa bienveillante hospitalité.

Il y a quelque chose de touchant dans cette pensée qui a mis à l'ombre du trône de saint Pierre les modestes envois qu'a patronés Mgr le patriarche latin de Jérusalem : une reproduction en pierre tendre, sculptée au couteau à Bethléem par un pauvre et humble artiste, Dazeik, d'après deux reliefs connus, *la Descente de Croix* et *la Résurrection*, sont des essais dignes d'encouragement, et on ne peut s'empêcher,—tant à cause du talent plus distingué qui y brille qu'à cause du rapprochement et du souvenir,—on ne peut s'empêcher d'éprouver une douce émotion en regardant la coquille nacrée que ce même Bethléémite a consacrée à la pieuse et naïve scène de l'adoration des Mages.

Naples aussi a profité des relations de bon voisinage qui l'unissent au Saint-Siége. Elle a eu raison, et ses envois, trop rares, font honneur à l'Exposition où elle figure. Ainsi l'industrie du corail, qui est son privilége, a trouvé dans les œuvres de MM. Avolio des représentans d'un mérite peu commun. Il est difficile de travailler ce brillant zoophite avec une délicatesse plus habile; quelques-uns des bijoux qui sortent de leurs ateliers ont une grande valeur : il y a une chaîne de gilet taillée dans une seule branche, des manches d'ombrelles, des broches, des colliers, des boucles d'oreille, dont les uns se recommandent par un joli dessin, quoique souvent la forme manque d'élégance, dont les autres sont très séduisans par leurs nuances rosées. Les cordes harmoniques qu'expose M. C. di Bartolomeo soutiennent la renommée européenne des cordes de Naples et ne se laissent pas surpasser. M. Genevois a perfectionné encore ses savons et ses parfumeries, qui sont en réputation. Le baron Anca a obtenu un citrate de chaux de qualité excellente et à un prix de revient très peu élevé. Il le retire des citrons impropres à la consommation.

Bien que résidant à Londres et ayant exposé sous le pavillon Britannique, M. Abate est, à juste titre, revendiqué par les États napolitains; il a trouvé des procédés extrêmement curieux d'impression directe, d'après nature, sur papier et sur étoffe, et il les a heureusement appliqués à des objets d'ameublement. M. Riccio a reproduit en bosse, par la galvanoplastie, une collection de médailles antiques, qui forme un volume in-4° qu'apprécieront les numismates. M. Fernandez a donné un beau livre, où des planches lithographiées en couleur reproduisent les costumes de la cour romaine.

Enfin, dans un tout autre genre, voici une application singulièrement ingénieuse de la géométrie à l'industrie de l'habillement. M. Scariano, de Palerme, a transporté à la mesure du corps humain les principes de la triangulation : avec quelques tiges de cuivre graduées, armées de pivots, formant des angles proportionnels et guidant des lames d'acier flexible, il est parvenu à composer une machine graphique qui dessine à volonté, sans hésitation et sans erreur, la coupe des habits, quelles que soient la conformation ou même les difformités du sujet. Avec cette machine, il suffit de prendre au mètre et à la manière ordinaire, la mesure du premier personnage venu, et en portant le chiffre des décimètres sur les tiges graduées, on obtient immédiatement les lignes principales du vêtement. Le ciseau n'a plus qu'à suivre, et il n'a besoin ni de calcul ni de retouche. Les principaux tailleurs de Paris, gens assurément fort compétens, se sont accordés à reconnaître dans le psalisomètre de M. Scariano un instrument d'une simplicité, d'une utilité et d'une certitude incontestables : c'est un beau succès.

Voici ce que la justice exigeait de nous, et ce que ratifie le jugement des nombreux visiteurs, qui donnent une attention privilégiée à l'Exposition romaine, dont le classement est dû au concours honorable de M. Hélouis-Jorelle, ancien consul de France à Jérusalem. Ajoutons que le zèle et le dévouement du commissaire pontifical, aidé des heureuses inspirations et des obligeans conseils de M. le comte Antonelli, ont su donner à l'Exposition entière le caractère de goût et d'élégance qui la distinguent; et qu'ainsi, ses soins, en répondant dignement à la haute confiance dont il a été investi (1), augmentent l'attrait qu'on éprouve à examiner en détail le département des États pontificaux.

Henry de Riancey.

(1) Nous le pressentions d'ailleurs, quand nous écrivions les lignes suivantes dans *l'Union* du 19 mars dernier :
« Nous apprenons que N. T. S. P. le Pape Pie IX a nommé pour commissaire pontifical près l'Exposition universelle M. le baron du Havelt. Plusieurs fois, nous avons été heureux de signaler le zèle et le désintéressement que M. du Havelt a déployés pour la cause de l'Eglise et du Saint-Siége. Il a rendu à la Terre-Sainte et au patriarchat latin de Jérusalem d'éminens services, ainsi qu'à l'Œuvre des pèlerinages aux Saints-Lieux. Son nom est mêlé aux entreprises les meilleures de la charité. La haute marque de confiance dont M. du Havelt vient d'être l'objet est une juste récompense de son dévouement; elle assure à l'industrie et au commerce des Etats romains un représentant plein d'activité et d'intelligence. »

CATALOGUE DES EXPOSANTS.

Objets d'art et produits industriels envoyés à l'Exposition universelle de 1855 par les États Pontificaux.

Commissaire :
M. LE BARON DU HAVELT ✻,
commandeur de l'ordre de Saint-Grégoire le Grand, etc.

Juré pour la sculpture :
M. CALAMATTA ✻,
correspondant romain de l'Institut de France, etc.

PEINTURE.

AGNENI (Eugène), né à Rome, élève de Coghetti de Bergame.
  665. — Ève effrayée à la vue du serpent qui lui rappelle sa première faute.
  666. — Phases de la vie humaine; six dessins, *même numéro*.

BOMPIANI (Robert), né à Rome, élève de l'Académie de Saint-Luc.
  667. — Virgile et Dante transportés par Gérione.
  668. — La Vierge et l'Enfant Jésus.

CAVALLERI (le chev. Ferdinand), peintre du cabinet du roi de Sardaigne, membre de l'Académie de Saint-Luc, à Rome, et de plusieurs autres académies.
  669. — Le prophète Jérémie, peinture exécutée par une méthode de coloris retrouvée par l'auteur et nommée par lui : *peinture bichromographique*.

Leighton (Frédéric), né à Scarbro, élève de M. E. Steinle, de Francfort.

670. — Réconciliation des familles Montecchi et Capulet, en présence des cadavres de leurs enfans.

Médici (François), né à Bologne.

671. — Onze miniatures, *même numéro.*

1º Madone ;
2º Madone, d'après Francesco Francia ;
3º L'Annonciation, d'après le même ;
4º L'Addolorata, d'après Guido Reni ;
5º L'Ange, d'après le Pérugin ;
6º Sainte Cécile, d'après Raphaël ;
7º La Poésie, d'après Carlo Dolci ;
8º Cléopâtre, d'après Guido Reni ;
9º Une Vénus, d'après le Titien ;
10º Une Vénus, d'après le même.
11º Portrait de Mme de Lebrun, d'après l'original de la galerie de Florence.

Podesti (le chev. François), professeur, né à Ancône.

672. — Le Siége d'Ancône, sous Frédéric Barberousse : 1160.

Souslacroix (Gabriel-Charles-Frédéric), né à Montpellier (Hérault).

673. — La Sainte Vierge : dessin.

674. — *Ecce homo* : dessin.

675. — Saül et la Pythonisse évoquant l'ombre de Samuel : dessin.

676. — La tête de Jésus en croix.

Tosi (le chev. François-Marie).

677. — Les portes de bronze de Saint-Pierre du Vatican : dessin à la plume.

Pacetti (M.), à Rome, 2,327, place Saint-Pierre (1).

Paris (Joseph), né à Naples, élève de MM. Bertin et Gosse.

538. — Vaches dans un clos.

539. — Intérieur d'une bergerie.

(1) M. Palizzi (Joseph), né à Naples, peintre renommé pour les paysages et animaux, a exposé sous les n°s 3,748 à 3,751, dans le catalogue français.

PATANIA (F.), né à Palerme, élève de son père.
540. — Portrait de femme.

SCULPTURE.

BENZONI (Jean-Marie), né à San-Gavazzo, Bergame, élève de l'Académie de Saint-Luc.
Méd. 1851, Londres.
678. — L'Amour maternel; groupe, marbre.
679. — La Bienfaisance; groupe marbre.
680. — Saint Jean enfant; marbre.
681. — L'Espérance en Dieu; marbre.
682. — Ève tentée par le serpent; statue en plâtre.
683. — Saint Pie V; statue plâtre.

BIEN-AIMÉ (Louis), né à Carrare, membre de l'Académie de Saint-Luc, à Rome.
684. — Apothéose de Napoléon Ier; buste, marbre.

BONNARDEL (Pierre-Antoine-Hippolyte), né à Bonnay (Saône-et-Loire) élève de Ramey et de M. Dumont.
Premier grand prix de Rome (sculpture) 1851.
685. — Ruth; statue, marbre.

GIBSON (John), élève de Canova, membre de l'Académie de Saint-Luc et des Académies de Londres, de Munich, de Saint-Pétersbourg et de Turin.
687. — Une Amazone blessée, statue, plâtre.

LANZIROTTI (Antonio Giovanni), né à Naples, élève de l'école de Palerme et de M. Pollet.
441. — Erigone et Bacchus, groupe en plâtre.

STATTLER (Henri), né à Cracovie, élève de son père.
688. — Le général baron Chtaporoski; buste, marbre.

WOLFF (Émile), né à Berlin, élève de M. G. de Schadow, chev. de l'ordre de l'Aigle-rouge.
689. — Canéphore, statuette composée en bronze et en marbre.

GRAVURE.

BIORDI (le comte).
2361. — Descente de croix, d'après Segueira.

CALAMATTA (Louis), né à Civitta-Vecchia (États Romains); élève de Marchetti et de Giangiacomo; correspondant romain de l'Institut de France.

Médaille de 1re classe et ✻ en 1837.

4610. — La Vierge à l'Hostie, d'après M. Ingres.
4611. — La Vision d'Ézéchiel, d'après Raphaël.
4612. — La Paix, d'après Raphaël.
4613. — Le Vœu de Louis XIII, d'après M. Ingres.
4614. — Le Masque de Napoléon Ier.
4615. — La Joconde, d'après Léonard de Vinci.
4616. — Françoise de Rimini, d'après M. Ary Scheffer.
4617. — Portrait du duc d'Orléans, d'après M. Ingres.
4618. — Portrait du roi d'Espagne, d'après M. J. de Madrazo.
4619. — Portrait de M. Guizot, d'après M. Paul Delaroche.
4620. — Portrait de M. le comte Molé, d'après M. Ingres.
4621. — Un Cadre contenant dix-neuf portraits.

INDUSTRIE.

NOTA. — Les noms précédés d'une astérisque * sont portés au supplément du Catalogue général. — La lettre P indique les produits exposés au palais; la lettre A ceux qui sont à l'Annexe.

1re CLASSE.

Arts des mines et métallurgie.

1. MARTINORI frères (P. et D.), à Rome. — Sable quartzeux de l'Adriatique pour le polissage des marbres et des fers, remplaçant avec avantage l'émeri. (A).
2. S. Exc. MGR FERRARI, ministre des finances des États Pontificaux, à Rome. — Deux blocs d'alun de roche, mesurant chacun 1 m. de hauteur sur 0,38 de diamètre. (A).
3. ORSINI (Ant.) à Ascoli. — Échantillons de carbonate de chaux propre à polir les métaux et les pierres. (A).

2me CLASSE.

Art forestier, chasse, pêche et récoltes de produits obtenus sans culture.

4. Société d'agriculture de la province de Bologne, à Bologne. — Collection de bois des essences d'arbres plantés dans la province : cinquante-six échantillons. (A.)
5. Badini (le chev. R.), à Ferrare. — Collection de bois des arbres et arbustes cultivés dans la province de Ferrare : trente-neuf échantillons. (A.)
6. Boccacini (D.), à Ravenne. — Pommes de pin (*pinus pinea*) et amandes de ces pommes propres à la confiserie. (A.)

3me CLASSE.

Agriculture, culture de végétaux, élevage des animaux domestiques.

7. Aventi (le comte F.-M.), à Ferrare. — Petite herse s'adaptant à la charrue Dombasle, et donnant une économie de temps et de main-d'œuvre.
8. Chailly (G.), à Ferrare. — Écheveaux de chanvre peigné. (P.)
9. Institut agricole de Ferrare. — Épis de froment et de maïs, graines, tiges et filasse de chanvre; graines de ricin. (A.)
'. Société d'agriculture de la province de Bologne, à Bologne. — Épis de riz d'Amérique, riz mondé. (A.)

9me CLASSE.

Industrie concernant l'emploi économique de la chaleur, de la lumière et de l'électricité.

38. Muti-Papazzurri-Savorelli (le marquis Al. et le comte Ant.), à Rome. — Bougies stéariques de plusieurs espèces : qualités supérieures. (A.)

10me CLASSE.

Arts chimiques, teintures et impressions; papiers, peaux, caoutchoucs, etc.

10. BOTTONI (le Dr C.), à Ferrare. — Tartrate acide de potasse. (A.)
11. FINZI MAGRINI (B.-S.), à Ferrare. — Tartrate acide de potasse. (A.)
12. MILIANI (maison P.), à Fabbriano (Macerata). — Papiers blancs et de couleur. (Récompense à l'Exposition de Londres). (P.)
*44. ANCA (le baron), à Palerme. — Échantillons de citrate de chaux. (A.)
*45. GENEVOIS (Félix), à Naples. — Savons et parfumeries. (A.)
*46. MONTALTI (Em.), à Bologne. — Colle de poisson, gélatine transparente tirée des os. (A.) Médaille d'argent, à Bologne, 1852.

11me CLASSE.

Préparation et conservation des substances alimentaires.

13. BIANCONI (G.-G.), à Bologne. — Vinaigres séculaires, dits de Modène. (A.)
14. VALERI (Ant.-L.); DONDI (maison G.), et MAGNI, à Ferrare. — Conserves de pêches, provenant de trois fabriques différentes et exposées sous le même numéro. (A.)

12me CLASSE.

Hygiène, pharmacie, médecine et chirurgie.

15. GIOVANNINI (le prof. G.), à Bologne. — Instruments de chirurgie. (A.)

14me CLASSE.

Constructions civiles.

16. BETTANZONI (Ant.), à Bagnacavallo (Ferrare). — Carreaux-mosaïques pour dallage, cimentés d'asphalte et imitant les tapis ou les parquets ornés. (A.)

17me CLASSE.

Orfévrerie, bijouterie, bronzes d'art.

17. CORRADINI (G.), à Rome. — Tables en mosaïques d'une riche exécution. (P.)
18. GALLAND (L.) et ROCCHEGGIANI père et fils, à Rome. — grandes et très belles tables en mosaïque; menus objets en marbre et en mosaïque; serre-papiers, broches, etc. (P.)
19. BORGOGNONI (Ant. et Ign.), à Rome. — Riche écritoire de bronze doré et d'argent. (P.)
20. SPAGNA (P.-P.), à Rome. — Reproduction très exacte et très finement travaillée de la colonne Trajane, en bronze doré (haute de 2 m. 90 c.), portée sur un piédestal de marbre fin orné de métal doré. (P.)
*47. AVOLIO père et fils, à Naples. — Collection de coraux travaillés pour bijoux. (P.)
*48. BARBERI (D.), à Paris. — Mosaïques pour bijoux. (P).
*49. CASTELLANI, à Rome. — Calice orné de pierres précieuses, appartenant à Mgr l'abbé prince Bonaparte. (P.)
*50. LUIGI (G.), à Rome. — Lions de bronze d'après Canova. (P.)
*51 MICHELINI (L.), à Paris. — Camées sur pierres fines. (P.)
*52 POGGI Mme), à Paris, rue Las Cases, 21. — mosaïques pour bijoux. (P.)
*57. DIES (G.), à Rome. — Camée, représentant un beau portrait de N. S. P. le Pape. (P.)

18me CLASSE.

Industrie des verres et de la céramique.

21. Pozzi (Mme Vittoria), à Rome. — Perles artificielles, colliers, parures. (P.)
22. Olivieri, à Rome. — Terre et argile pour la céramique, briques et ustensiles de terre cuite. (P.)
23. Ossoli, frères. (marquis Al. et J.), à Rome. — Panneaux en brique mosaïque pour carrelage. (P.)

20me CLASSE.

Industrie des laines.

Hospice apostolique de Saint-Michel a Ripa, à Rome. — Draps de diverses couleurs pour l'habillement des troupes. (P.)

21me CLASSE.

Industrie des soies.

24. Baldini (L.), à Pérouse. — Soie grége. (P.)
25. Beretta (D.), à Ancône. — Soies gréges. (P.)
26. Briganti Bellini frères (comte), à Osimo. — Soies gréges. (P.)
27. Feoli (le commandeur Aug.), à Rome. — Soies gréges. (P.)
28. Lardinelli, à Osimo. — Soies gréges. (P.)
29. Oppi, à Bologne. — Soies. (P.)
30. Salari (D.), à Suligno (Ombrie). — Soies gréges jaunes et blanches (P.)
31. Valazzi (L.), à Pesaro. — Soie grége. (P.)
34. Padoa (G.), à Cento, (Ferrare). — Soie grége. (P.)
*53. Blumer (P.) et Jenny, à Ancône. — Bourre de soie cardée et peignée. (P.)
*54. Morlachi (Vve R.), à Ancône. — Soie grége de cocons du pays et de cocons de Grèce. (P.)
*55. Simonetti (le prince), à Osimo. — Huit écheveaux de soie de sa filature. (P.)

22me CLASSE.

Industrie des lins et des chanvres.

32. BALBONI (Ant.), à Reno-Centese (Ferrare). — Cordages de chanvre. (Récomp. à l'Exposition de Londres.)
33. FACCHINI frères (P. et C.), à Bologne. — Chanvre en tiges, préparé pour le rouissage; roui, teillé et peigné. (P.)
34. PADOA (G.), à Cento (Ferrare). — Toiles à voiles et toiles fines de chanvre. (P.)
35. TROUVÉ (M.) et Cᵉ, à Bologne. — Chanvres et étoupes de chanvres peignés. (P.)

23me CLASSE.

Bonneterie, tapis, passementerie, broderie, dentelles.

36. HOSPICE APOSTOLIQUE DE SAINT-MICHEL-A-RIPA, à Rome, sous la direction de S. Ém. le cardinal Tosti.— Tapis fabriqués à l'imitation de ceux des Gobelins. L'un d'eux est la copie d'une mosaïque antique. (P.)

24me CLASSE.

Ameublement et décoration.

37. MOGLIA (le chev. L.), à Rome. — Un tableau en mosaïque. (P.)
38. MUTI-PAPAZZURRI-SAVORELLI (le marquis Al. et le comte Ant.) — Table en marbre blanc sur laquelle sont gravés, par les procédés de la *lithoglyphie*, plusieurs sujets tirés du Dante. — Ciment propre à remplacer le marbre dans la décoration. (P.)
39. URTIS (Ant.), à Rome. — Table de stuc incrustée de marbres imités avec la même matière; fragments de corniches en stuc, imitant le marbre de Carrare et le marbre de brèche. (P.)
40. FERDENZONI (Dʳ L.), à Ferrare. — Table ronde en acajou,

table ronde en marquetterie de bois précieux et d'ivoire, bureau de dame. (P.)

41. GATTI (G.-B.), à Rome. — Magnifique secrétaire, table, tableaux, le tout en marqueterie. (P.)

*56. BELLONI (Fr.), à Paris. — Portrait de Napoléon Ier exécuté en mosaïque, d'après Gérard; tables en granit et en marbres ornées de mosaïques; quatre bouquets en mosaïque exécutés par M. Fontaine, son ancien élève. (P.)

*57. DIES (G.), à Rome. — Grandes coupes en vert antique, imitations de divers monumens en jaune antique.

*18. GALLAND et ROCCHEGGIANI, à Rome. — Mosaïques; vue du Forum, jeu de dames en marbres antiques, la colonne de Phocas, en rouge antique (1 m. 10), une grande coupe, etc. (P.)

*58 FRANCESCANGELI (Agost.), à Rome. — Mosaïque.

*59. POGGI (Ch.), à Paris. — Mosaïque faite de cailloux du lit de la Seine; exécutée par Ciuli. (P.)

*60. SAMPIERI (Mme la marquise), à Bologne, table en mosaïque.

25me CLASSE.

Articles de vêtemens, modes et fantaisies.

42. MONASTÈRE DE RELIGIEUSES, à Casimato. — Fleurs artificielles en cocons de vers à soie pour ornement d'autel. (P.)

*61. ANDREOLI (Ub.), à Gubbio. — Apothéose de Napoléon Ier, en papier découpé. (P.)

*61 B. GUYETANT-MICHELLINI (Mme), à Paris, élève de M. le profess. Paggliacci. — Fleurs en cire. (P.)

*62. JACOMETTI (Mme C.), à Rome, élève de M. le profess. Pagliacci. — Fleurs en cire, fleurs en crêpe et fil de Bologne. (P,)

*63. LIVIZZANI (l'Av.), à Bologne. — Tableaux en papier découpé. (P.)

*64 Pagliacci (le profess. Ant.), à Rome. — Fleurs en cire. (P.)
*65. Scabiano (B.), à Palerme. — Instrument pour la coupe des habits, dit *psalisomètre*. (P.)

26me CLASSE.

Dessin, imprimerie, photographie, etc.

43. Dovizielli (P.), à Rome. — Épreuves photographiques représentant les principaux monumens de Rome. (P.)
*66. Balbi, à Rome. — Tableau peint à l'huile, représentant une tête anatomique composée de corps humains. (P).
*67. Dazeik (Elias-ben-Gibrail), à Bethléem, Syrie. — Sujets religieux exécutés sur pierre tendre avec la pointe d'un couteau. (P.)
*68. Fernandez, à Paris. Costumes de la cour de Rome : un vol. in-4º. (P.)
*69. Riccio (G.), à Naples. — Planches de numismatique, où les médailles sont reproduites par la galvanoplastie : un vol. in-4°. (P.)
*70 Volpato, à Rome. — Dessin de fontaine.

27me CLASSE.

Instrumens de musique, etc.

*71. Di Bartolomeo (Cl.), à Naples. — Cordes harmoniques. (P.)

LISTE DES RÉCOMPENSES

DÉCERNÉES DANS LA SÉANCE SOLENNELLE DE CLOTURE,

En présence de l'Empereur,

le 15 novembre 1855.

SECTION DES BEAUX-ARTS.

M. Calamatta : Nomination d'officier de la Légion-d'Honneur.
  Id. Première médaille d'or ;
M. Gibson : Nomination de chevalier de la Légion-d'Honneur ;
 M. le chev. Podesti, deuxième médaille d'or ;
M. Benzoni, mention honorable ;
M. Bonnardel, mention honorable.

SECTION DE L'INDUSTRIE.

1re classe. — S. Exc. Mgr FERRARI, ministre des finances des Etats-Pontificaux, médaille de 1re classe.

3e classe. — MM. Facchini frères (de Bologne), médaille de 1re classe ; Société d'agriculture de Bologne, médaille de 2e classe ; Institut agricole de Ferrare, mention honorable.

6e classe. — M. Scariano, médaille de 2e classe.

8e classe. — M. Scariano, médaille de 2e classe.

9e classe. — MM. Muti-Papazzurri-Savorelli (le marquis et le comte), mention honorable.

10e classe.—MM. Miliani, médaille de 2e classe ; le docteur Bottoni, mention honorable ; Anca (le baron), mention honorable ; Genevois, mention honorable.

11e classe. — M. Bianconi, médaille de 2e classe.

14e classe. — MM. Muti-Papazzurri-Savorelli (le marquis), médaille de 2e classe ; Bettanzoni, mention honorable ; Olivieri, id. ; Urtis, id ; Ossoli (le marquis), id.

17e classe. — MM. Corradini, médaille de 1re classe ; Galland, id.; Avolio, id.; Michelini, id.; Spagna, médaille de 2ᵉ classe; Barberi, id.; Roccheggiani père, médaille de 2ᵉ classe de collaborateur ; Roccheggiani fils, id.

20ᵉ classe. — Hospice Saint-Michel-à-*Ripa*, médaille de 2ᵉ classe.

21ᵉ classe. — MM. Beretta, médaille de 1ʳᵉ classe; le commandeur Feoli, id.; Oppi, id.; Baldini, médaille de 2ᵉ classe; Briganti-Bellini (le comte), id.; Lardinelli, id.; Salari, id.; Valazzi, id.; le prince Simonetti, id.; Padoa, mention honorable; Morlacchi, id.

22ᵉ classe. — MM. Facchini, médaille de 2ᵉ classe; Trouvé, id.

23ᵉ classe. — Hospice apostolique de Saint-Michel-à-*Ripa*, médaille de 2ᵉ classe.

24ᵉ classe. — MM. Gatti, médaille de 1ʳᵉ classe; Galland, id.; Sampieri (Mᵐᵉ la marquise), médaille de 2ᵉ classe; Moglia (le chevalier), mention honorable; Roccheggiani père, médaille de 2ᵉ classe de collaborateur; Roccheggiani fils. id.

25ᵉ classe. — MM. Paggliacci, médaille de 2ᵉ classe; les Religieuses de San-Cosimato, id.

26ᵉ classe.—MM. Dovizielli, médaille de 2ᵉ classe; Muti-Papazzurri-Savorelli (le marquis), id.; Balbi, id,; Dazeik, mention honorable ; Riccio, id.

27ᵉ classe.—M. Clément di Bartolomeo, médaille de 1ʳᵉ classe.

On doit ajouter à cette liste M. Abate, industriel napolitain, qui a exposé dans le compartiment anglais et obtenu une médaille de 1ʳᵉ classe dans la 26ᵉ classe et une de 2ᵈ classe dans la 24ᵉ.

RÉSUMÉ GÉNÉRAL.

BEAUX-ARTS.

1 croix d'officier de la Légion d'honneur.
1 croix de chevalier.
1 première médaille d'or.
1 seconde médaille d'or.
2 mentions honorables.

INDUSTRIE.

12 médailles de 1re classe.
28 médailles de 2e classe.
15 mentions honorables.

61 et avec les deux médailles de M. Abate, 63.

TABLE DES MATIÈRES.

	Pages
AVERTISSEMENT	5
COMPTE-RENDU de l'Exposition pontificale et napolitaine, au palais des Beaux-Arts, par M. l'abbé de Valette	7
— de l'Exposition pontificale au palais de l'Industrie, par M. Henry de Riancey :	19
I. États Pontificaux.	20
II. Naples et Jérusalem.	30
CATALOGUE DES EXPOSANS.	
I. Beaux-Arts.	33
II. Industrie	36
LISTE DES RÉCOMPENSES.	45

Paris. — Imprimerie de DUBUISSON et Cⁱᵉ, rue Coq-Héron 5.

PARIS. — IMPRIMERIE DE DUBUISSON ET Cⁱᵉ, RUE COQ-HÉRON, 5.

www.ingramcontent.com/pod-product-compliance
Lightning Source LLC
LaVergne TN
LVHW021704080426
835510LV00011B/1581